AF224439

VIE

DE

PIERRE L'ERMITE.

VIE

DE

PIERRE L'ERMITE

Par M. **E. D'Ault-Dumesnil**,

*Auteur du Dictionnaire historique, géographique
et biographique des Croisades.*

† **Dieu le veut!**

ABBEVILLE,

TYPOGRAPHIE DE P. BRIEZ.

—

1854.

INTRODUCTION

A LA

VIE DE PIERRE L'ERMITE.

———

Les courtes considérations sur les causes et les effets des croisades qu'on va lire sont, à l'exception de celles qui concernent les circonstances présentes, textuellement extraites du *Dictionnaire historique, géographique et biographique des croisades* que j'ai publié, dans la *Nouvelle Encyclopédie* de M. Migne, en 1852.

On appelle croisades les expéditions qui furent dirigées par l'Occident chrétien contre l'Orient musulman, pour affranchir la Terre-Sainte du joug de l'islamisme, parce que ceux qui s'enrôlaient dans ces entreprises, chefs et soldats, portaient sur leurs vêtements une croix, qui les fit nommer *croisés*. Ces expéditions ont été la réponse de l'Europe guerrière à la menace de la domination mahométane, que les Arabes avaient fait planer sur le monde occidental. L'enthousiasme pour les guerres saintes naquit du zèle pour les pèlerinages, lorsque ces pieuses visites au tombeau du Rédempteur furent entravées par les infidèles. Le séjour de Jérusalem et de la Palestine tout entière, devenu intolérable pour les Chrétiens qui s'y rendaient en pèlerinage, ou que la dévotion engageait à s'y fixer, telle a été l'origine des croisades. La foi sincère et ardente de l'Europe du XIe siècle ne put pas entendre raconter que les lieux arrosés du sang du Fils de Dieu étaient indignement profanés, sans ressentir cette indignation qui faisait dire à Clovis, au récit de la Passion de Notre-Sauveur : « Si j'avais » été là avec mes Francs ! »

Une des principales causes des croisades fut certainement aussi la pensée qu'a eue constamment la papauté de détourner les peuples de l'Europe de leurs guerres intestines, en les lançant dans des expéditions d'un intérêt général. Le XIe siècle allait finir quand les croisades commencèrent. Le régime féodal, arrivé à son apogée, ne produisait déjà plus que des fruits d'anarchie. Les vassaux s'étaient, dans tout l'Occident, arrogé les droits de la souveraineté ; ils faisaient la guerre pour leur propre compte, et refusaient de marcher, quand ils en étaient requis par le suzerain. Robert-le-Moine, qui avait entendu le discours que prononça le pape Urbain II au concile de Clermont, en Auvergne, où la première croisade fut résolue en 1095, cite ces paroles que le pontife adressa à nos pères: « Mettez fin à vos ressenti- » ments, à vos querelles, à vos fureurs, et marchez » vers le Saint–Sépulcre. » On trouve encore un témoignage de l'intention d'Urbain II, de pacifier l'Occident en affranchissant l'Orient, dans un autre chroniqueur, Bernard-le-Trésorier, qui dit, en son vieux langage, que le pape tint le concile de Cler- mont, parce qu'il avait vu « que le monde estoit » moult en pire et tournoit à mal. »

La première pensée des croisades appartient à un pape français, Sylvestre II; elle est consignée dans une pièce datée de l'an 986, et antérieure à son pontificat. Un de ses plus illustres successeurs, saint Grégoire VII, mûrit plus tard ce glorieux projet. Le grand réformateur du XIe siècle nous apprend lui- même, dans une des lettres qui nous restent de lui, qu'outre le vaste plan qu'il avait conçu pour assurer l'indépendance de l'Eglise, ses desseins embrassaient aussi l'extinction du schisme de Constantinople, l'union des deux églises grecque et latine, la rentrée au iv

bercail catholique de tous les Orientaux égarés, et
le triomphe général de la cause chrétienne par la
délivrance du Saint-Tombeau. Il ajoute même qu'il
devait se mettre en personne à la tête de la croisade.
Mais les embarras que l'empereur d'Allemagne, Henri
IV, suscita au Saint-Siége, empêchèrent saint Grégoire VII d'accomplir sa résolution. Victor III, qui
lui succéda, aurait exécuté le projet de son prédé-
cesseur, s'il s'était trouvé en position de le faire, et
si le ciel lui avait accordé un plus long règne. Ce
fut un pape né en France, Urbain II, qui chargea
Pierre l'Ermite, notre illustre compatriote, de prêcher
la première croisade, et qui réalisa, comme on vient
de le voir, l'œuvre dont l'idée lui avait été léguée
par celui qui l'avait désigné pour siéger sur le trône
pontifical après lui. La durée générale des guerres
saintes fut d'environ deux siècles, pendant lesquels
les papes en furent les continuels instigateurs et les
inébranlables soutiens, et comprend tout le temps
qui s'écoula depuis la première de ces expéditions,
préparée en 1095, jusqu'en 1291, date de la perte
de Saint-Jean-d'Acre, la dernière possession des Oc-
cidentaux en Asie. Les quatre grands peuples parmi
lesquels se recrutèrent les armées de la croix furent
les Français, au nombre desquels on compte les

Flamands et les Lorrains, bien que ces derniers, politiquement parlant, fissent corps avec l'empire germanique, les Allemands, les Anglais et les Italiens. Cette lutte magnanime, dans laquelle le christianisme combattit le mahométisme pendant deux cents ans, est la plus noble phase de l'histoire des hommes. Où trouver, en effet, une époque plus admirable que cette généreuse époque des guerres saintes, qui se présente devant la postérité encadrée entre Godefroy de Bouillon et saint Louis?

Un historien contemporain des croisades, Guibert, remarque que leur premier effet a été de changer en une situation calme l'état de trouble général où était l'Occident. Toutes les discordes, dit-il, furent apaisées par l'inspiration céleste de la croix. Un autre chroniqueur a consacré un chapitre de son ouvrage à l'énumération *des diverses guerres assoupies par l'expédition de Jérusalem*. Mais, à cette première influence des croisades, qui ne fut que passagère, succédèrent d'autres effets d'un caractère plus stable. Les modifications exercées par ces grandes entreprises sur la civilisation européenne demanderaient des développements dans lesquels nous ne pouvons pas entrer ici. Pour résumer leur action sur l'ordre social et politique, il suffit de dire qu'elles ont contribué à l'affaiblissement du régime féodal, à l'affranchissement des serfs, à l'établissement des communes, à la naissance du tiers-état, et à l'accroissement du pouvoir royal au détriment de celui de la noblesse. Les rois ont trouvé dans ce grand mouvement un moyen d'accroître leur pouvoir, et les peuples leur liberté. Des progrès notables ont été faits alors dans la navigation, dans le commerce, dans l'industrie, dans les sciences, dans les lettres et dans les arts. L'héroïsme des exploits des croisés excita le désir d'en transmettre le souvenir à la postérité. La grandeur et l'importance des évènements qu'avaient à raconter les narrateurs de ces expéditions élevèrent leur style à la hauteur de leur sujet, et les faits merveilleux accomplis par les champions de la croix éveillèrent le génie de la poésie en Occident. Les impressions produites sur les croisés par les monuments arabes ont vraisemblablement contribué au magnifique développement des constructions ogivales au XIIIe siècle, et la Picardie, fière d'avoir donné le jour à Pierre l'Ermite, s'enorgueillit aussi de posséder, dans la cathédrale d'Amiens, le type le plus parfait de la sublime architecture de cet âge. C'est des croisades enfin que date l'ascendant de l'Europe, sa suprématie morale et intellectuelle sur le reste du monde. Ce sont les croisades qui l'ont constituée ce qu'elle est, la tête et le cœur de l'humanité.

Mais notre belle civilisation, où l'ordre résulte de l'équilibre de l'autorité et de la liberté, et dont les musulmans eux-mêmes ont appris à reconnaître la supériorité, et commencent à apprécier les avantages et à adopter les institutions, a un ennemi moins franc que ne l'était l'islamisme, mais plus astucieux, et par cela même plus dangereux, dans le schisme inoculé au despotisme russe par les Grecs corrompus du Bas-Empire. L'héritier des vues gigantesques de Pierre Ier a cru que le temps était venu de les réaliser; il a cru que l'Europe occidentale, ébranlée jusque dans ses fondements par les agitations révolutionnaires, le laisseraient, sans pouvoir s'y opposer, asseoir sa tyrannique domination à Constantinople et à Athènes. Le Czar calculait avec raison que, maîtresse des rives du Bosphore, la Russie n'aurait plus qu'à étendre le bras pour porter un coup mortel à l'indépendance religieuse et politique de l'Europe, en le dirigeant sur Rome, centre de la société chrétienne légitime, dont le schisme est le frère bâtard. Mais un signe du ciel s'est tout-à-coup manifesté, suivant une juste observation de notre évêque, dans le mandement où il nous expose, avec une magnificence de parole puisée à la source divine des hautes pensées, pourquoi nous devons prier avec une ardeur toute particulière pour le succès de nos armes en Orient. Nous revoyons ce qui ne s'était pas vu depuis les guerres saintes. Un mouvement parti de Jérusalem, comme celui que Pierre l'Ermite a imprimé à son siècle, a rapproché l'Angleterre et la France, et annonce que l'heure est arrivée de consommer l'œuvre des croisades, et de réduire l'ambition schismatique à l'impuissance de troubler à l'avenir la paix du monde. L'Autriche, entraînant la Prusse et l'Allemagne à sa suite, comprend que la lutte engagée de nouveau entre l'Orient et l'Occident est encore une fois celle de la barbarie et de la civilisation, et que son intérêt comme son devoir est d'y prendre part, en s'associant à l'alliance anglo-française. Notre patrie trouve dans la valeur aguerrie de son armée, qui a déjà été son rempart contre l'anarchie, la récompense des deux glorieuses pages récemment ajoutées à notre histoire. Nos soldats, qui ont replanté la croix sur le sol africain et replacé le Souverain-Pontife sur son trône, veillent à la garde de Rome, occupent Athènes et protègent Constantinople. L'Europe, délivrée de la double crainte de devenir républicaine ou cosaque, exprimée par Napoléon Ier, sera principalement redevable de sa sécurité à la France et au règne de Napoléon III.

Le trait distinctif des titres de Pierre l'Ermite à l'immortalité, c'est de se confondre avec les droits de la papauté à notre admiration et à notre reconnaissance. En plaçant l'inauguration de la statue consacrée à sa mémoire sous le patronage de saint Pierre, en qui a commencé la papauté, et en l'associant à la solemnité du sacre de Mgr Gerbet, évêque de Perpignan, afin que la présence des princes et des premiers pasteurs de l'Eglise venus à cette cérémonie, imprimât à ce grand jour de fête pour la Picardie, et, on peut le dire, pour la France et pour toute la chrétienté, l'auguste sceau de la religion, la Société des Antiquaires de Picardie lui a donné le caractère qui lui convenait essentiellement. Les Abbevillois, au milieu desquels j'ai été élevé, et dont je me dis ici l'organe, sans craindre qu'ils me désavouent, ne pouvaient voir Amiens ériger, par la main d'un artiste amiénois, un monument au prédicateur de la guerre sainte, sans tressaillir au souvenir de la revue des croisés recrutés par son zèle, à laquelle applaudirent leurs aïeux, en 1096, avant le départ pour la conquête de Jérusalem. Historien des croisades, pèlerin du Saint-Tombeau, et enfant aussi d'Amiens à titre de descendant de plusieurs de ses anciens maïeurs, je sympathise vivement avec les sentiments de tous. mes compatriotes pour la glorification de Pierre l'Ermite, à laquelle j'apporte mon humble tribut dans ce faible hommage de mes études et de mes voyages. (1)

(1) La *Vie de Pierre l'Ermite* est aussi, en majeure partie, textuellement tirée du *Dictionnaire des Croisades*, et les emprunts qui ont pu être faits à cet ouvrage, par d'autres mains que la mienne, n'invalident pas la priorité acquise à cette biographie comme aux considérations qui la précèdent.

VIE

DE

PIERRE L'ERMITE.

—

Pierre l'Ermite, issu d'une famille noble, originaire d'Auvergne, est incontestablement né dans l'Amiénois, et, si l'on veut fixer plus précisément le lieu où il a vu le jour, il faut admettre la tradition généralement adoptée qui lui donne la ville même d'Amiens pour patrie. L'année 1053 est la date la plus probable de sa naissance. Son père était entré, à ce qu'il semble, dans la noblesse amiénoise en s'alliant par un mariage à une des premières maisons du pays. L'usage des noms de famille, bien qu'existant avant les croisades, ne commença à se généraliser que pendant ces expéditions, et il n'est guère présumable que Pierre ait reçu de ses aïeux le nom qui, joint à son nom de baptême, s'est identifié avec son impérissable célébrité. Quoiqu'un passage de Guillaume de Tyr, le principal historien contemporain des guerres saintes, paraisse autoriser à croire que Pierre s'appelait l'Ermite à titre héréditaire, il est plus vraisemblable qu'il fut ainsi surnommé parce qu'il voyagea, prêcha et accompagna la croisade sous le costume d'ermite. Mais ce surnom, auquel les merveilles de sa vie et ses vertus ont attaché une si grande gloire, sera devenu pour ses descendants, justement fiers de s'en parer, un des noms les plus illustres dont puisse s'honorer une famille. Lorsque l'historien Orderic Vital appelle l'Ermite Pierre d'Achéry, en latin *de Acheriis*, il le qualifie sans doute par un nom de fief, tiré de quelque localité, peut-être, comme le suppose M. Vion, auteur d'un volume publié cette année sous le titre: *Pierre l'Ermite et les Croisades*, de la partie basse du village d'Acheux, dans l'ancien Vimeu, qui est désignée sous la dénomination d'Achéry dans le cadastre départemental.

Guillaume de Tyr nous apprend que le prédicateur de la première croisade était petit et d'un extérieur peu agréable au premier abord ; mais son œil ardent révélait un esprit vif et une âme énergique. Une éloquence naturelle donnait de la puissance à sa parole. Un mélange d'inconstance et de fermeté semble avoir composé le fond de son caractère. On peut croire qu'il resta orphelin très-jeune, et nous savons par divers témoignages, notamment par celui des auteurs de la *Gallia Christiana*, qu'il fut élevé à l'abbaye des Bénédictins nobles de Saint-Quentin-du-Mont, près de Péronne. Il y étudia les lettres et s'y prépara à embrasser l'état clérical, en se formant aux vertus solides sous la direction du pieux et savant abbé Godefroy, oncle de la mère de Godefroy de Bouillon.

Mais il paraît qu'entraîné par son humeur voyageuse, il sortit du cloître vers l'an 1067 pour parcourir l'Italie, dont il aurait fréquenté les universités, et même la Grèce, *afin d'y humer ce qu'il y restait des sciences,* suivant l'expression du Père d'Oultreman, son biographe du XVIe siècle. Au premier rang des connaissances qu'il acquit en voyageant, il faut placer celle des langues, fort rare au moment où il vécut.

A son retour en France, Pierre fut accueilli dans la capitale du royaume par Geoffroy, évêque de Paris, frère d'Eustache II, comte de Boulogne, qui le retint quelque temps auprès de lui, avec le dessein de le déterminer à entrer dans la carrière ecclésiastique. Mais celle des armes souriait alors à notre jeune compatriote, et muni de lettres de recommandation de l'évêque de Paris pour son frère, le comte de Boulogne, il se rendit à la cour de ce prince, qui, appréciant ses belles et bonnes qualités, le donna pour gouverneur à ses trois fils, Eustache, Godefroy de Bouillon et Baudouin. Les élèves de Pierre ne tardèrent pas à le chérir comme leur père, tout en le respectant comme leur maître, quelque jeune qu'il fût encore alors, et l'amitié, cimentée plus tard par le temps, qui unit toujours le prédicateur de la première croisade au héros de cette expédition et à Baudouin, successeur de son frère sur le trône de Jérusalem, datait de cette époque. Ce n'est pas un des moindres titres de Pierre à l'admiration de la postérité, que d'avoir puissamment contribué à former Godefroy de Bouillon, « en qui, a très-bien dit le » Père Maimbourg dans son *Histoire des Croisades,* » toutes les vertus chrétiennes, les civiles et les mi-

» litaires se sont accordées dans un si haut point de
» perfection, sans mélange d'aucun défaut, qu'il serait
» difficile d'en trouver un autre semblable à lui,
» non pas même parmi les plus grands saints, duquel
» on pût dire fort véritablement la même chose. »

Pierre porta les armes sous la bannière du comte de Boulogne, avec ce prince et ses trois fils, contre Robert-le-Frison, et fut fait prisonnier en 1072, dans un combat près de Cassel, en Flandre, avec le père de ses élèves, auxquels il fit un rempart de son corps, et qui durent à son courage d'échapper à la captivité. Rendu à la liberté, et dégoûté du métier de la guerre, qui lui semblait injuste entre les princes chrétiens, il s'engagea dans les liens du mariage. Sa femme, Béatrix de Roussy, appartenait à une famille noble de Normandie; elle n'était ni jeune, ni riche, mais elle était vertueuse, et il vécut heureux avec elle pendant trois ans, de 1073 à 1076. Il en eut, avant de la perdre, deux enfants, un fils et une fille. Son fils, Pierre l'Ermite, ou plutôt l'Hermite, suivant l'orthographe de ce nom, devenu nom de famille, fut capitaine et châtelain d'Antioche, et père d'Eustache l'Hermite, qui eut quatre fils, dont le dernier, Albert l'Hermite, fut évêque de Bethléem et le dixième patriarche latin de Jérusalem, de l'an 1191 à 1194.

Devenu veuf, et sentant *qu'il n'y avait rien parmi le monde digne d'occuper son esprit*, dit un de ses biographes, Pierre confia le soin de ses enfants à ses parents les plus proches, abandonna la gestion de ses biens, et se fit prêtre et anachorète. Vivant dans le jeûne, dans la prière et dans la méditation, il séjourna, à ce qu'il paraît, dans divers ermitages, dans le pays de Liége, dans les Ardennes et dans l'Amiénois. Il prit, à cette même époque, l'habit monastique de l'ordre de saint Benoît dans l'abbaye de Saint-Quentin-du-Mont, où il avait été élevé et où il reçut la prêtrise. Il y a lieu de croire qu'il fut prieur de ce monastère. Il a probablement demeuré aussi dans celui de Saint-Rigaud, au diocèse de Mâcon, également de l'ordre de saint Benoît. C'est peut-être de là, disent les annales des Bénédictins, qu'il partit pour la Terre-Sainte.

Ce fut pour satisfaire sa vive piété qu'il fit le pèlerinage de Jérusalem, en 1093. Arrivé dans la ville Sainte, il entendit avec indignation, de la bouche d'un chrétien qui lui avait offert l'hospitalité dans sa maison, le récit des mauvais traitements dont les musulmans accablaient les fidèles, et il eut occasion de se convaincre par lui-même de la vérité des faits qui lui avaient été racontés. Enflammé d'un saint zèle, il alla trouver le patriarche Siméon, pour conférer avec lui sur les moyens de mettre un terme à la profanation des Saints-Lieux et aux souffrances des pèlerins. Le patriarche lui dit qu'il ne fallait attendre aucun secours des empereurs grecs, impuissants à défendre contre les musulmans ce qui leur restait de leurs propres états, et que la délivrance ne pouvait venir que de l'Occident. « Ecrivez donc, » répondit l'Ermite, au Pape, aux Rois et à tous » les Princes latins, et apposez sur vos lettres le » sceau du ministère sacré dont vous êtes revêtu. En » expiation de mes péchés, je parcourrai l'Europe, » je décrirai aux Princes et aux Peuples l'abjection » de votre église, et je les presserai de venir la

» délivrer. » Le patriarche rendit mille actions de grâces à l'homme de Dieu, dit Guillaume de Tyr, et lui remit les lettres demandées.

Pierre se disposait à reprendre le chemin de l'Occident, où il avait l'intention d'être l'interprète des misères des chrétiens d'Orient, lorsqu'étant un soir en prière dans l'église du Saint-Sépulcre, il succomba à la fatigue de ses austérités et s'endormit. Jésus-Christ lui apparut alors en songe et lui dit: « Lève-» toi, Pierre, et accomplis avec courage la résolution » que tu as prise; je serai avec toi, car il est temps » que les Saints-Lieux soient délivrés de la présence » des infidèles et que mes serviteurs soient secourus. » Pierre s'éveilla à ces mots, joyeux et content *comme si la besogne eût été déjà faite*, dit le chroniqueur Bernard-le-Trésorier, et, après une courte prière, il courut chez le patriarche et lui raconta l'apparition qui venait de l'affermir dans son généreux dessein.

Pierre partit le lendemain pour Antioche, et y trouva un navire prêt à faire voile pour la Pouille, où il arriva heureusement. De là, il alla à Rome remettre au pape Urbain II la lettre dont l'avait chargé pour lui le patriarche de Jérusalem. Il confirma par son propre témoignage le récit que faisait Siméon de l'oppression sous laquelle gémissaient les chrétiens d'Orient. Le Pape loua le zèle charitable de l'Ermite, et lui donna des lettres qui l'autorisaient à prêcher par toute la chrétienté, au nom du Saint-Siége, un soulèvement général des fidèles pour l'affranchissement des Saints-Lieux. Pierre parcourut d'abord l'Italie, puis il passa les Alpes et poursuivit, avec un prodigieux succès, l'accomplissement de sa mission en France, en Angleterre, en Belgique et en Allemagne. Il existe un témoignage authentique du passage de Pierre l'Ermite dans son pays natal ; c'est la demande qu'il fit d'être associé aux prières des moines de l'abbaye de Corbie, et qui est consignée, à la date de 1095, dans les registres de ce monastère. Le prédicateur de la croisade s'adressait plutôt aux peuples qu'aux grands ; il allait lisant les lettres dont il était porteur, racontant l'apparition dont l'avait honoré le Fils de Dieu et faisant, le crucifix à la main, une peinture déchirante de la profanation des Lieux-Saints. Il marchait pieds nus ; il était vêtu d'une tunique de laine grossière et d'un manteau de pèlerin ; il se contentait de la nourriture la plus commune, prenait un peu de vin, mais ne mangeait ni pain ni viande ; il distribuait aux pauvres les aumônes dont on le comblait, ou il en dotait des femmes égarées, qu'il mariait pour les ramener à la vertu ; il apaisait les querelles, terminait les différends et semait sur ses pas la paix, la concorde et les bonnes mœurs. On se pressait en foule pour le voir, pour l'entendre, pour toucher ses habits, et on arrachait, pour les conserver comme des reliques, les poils de la mule qu'il montait, dit la chronique de Guibert de Nogent, où l'on trouve les détails les plus intéressants sur la prédication de Pierre l'Ermite. Les historiens contemporains des guerres saintes, qui prêtent souvent aux personnages que leurs récits mettent en scène des discours que ceux-ci n'ont certainement pas tenus, n'en rapportent aucun de notre compatriote. N'en pourrait-on pas induire qu'il exhortait ses auditeurs à délivrer Jérusalem en termes plus pathétiques qu'oratoires? L'affluence inouïe d'assistants, et surtout d'assistants laïques, que comptèrent les conciles de Plaisance et de Clermont, tenus par le pape Urbain II en 1095, doit évidemment être attribuée, au moins en grande partie, au prestige de la prédication de Pierre et témoigne de son caractère populaire.

Pierre parut, au concile de Clermont, dans son costume de pèlerin, à côté du Pape, qui présidait l'assemblée, et déplora le premier la situation des Lieux-Saints avec la vive émotion d'un témoin oculaire des misères qu'il racontait. « Le Pape, dit le
» Père d'Oultreman, dans sa *Vie du vénérable Pierre*
» *l'Hermite*, commanda à Pierre de raconter fidèle-
» ment ce qu'il avait entendu de la calamité des
» chrétiens qui gardaient le Saint-Sépulcre. Obéissant
» au saint Père, il parla avec tant de zèle et de
» piété, et fut tellement assisté du Saint-Esprit,
» qu'autant de paroles qu'il prononça furent autant
» de flammes qui embrasèrent le cœur des Rois, des
» Princes, des ambassadeurs et de tous les Prélats,
» du désir de sacrifier leurs biens et leurs vies pour
» la gloire de Celui qui en était l'auteur. » Saint Bernard, prêchant la seconde croisade, ne fut pas plus entraînant à Vézelay. Il n'y a rien à ajouter à l'éloge du précurseur d'un tel homme, lorsqu'on a dit qu'il est resté son égal.

Des applaudissements universels et prolongés suivirent le double appel du Pontife et de l'Ermite à la valeur chrétienne, et l'assemblée tout entière, transportée d'un enthousiasme *que jamais l'éloquence humaine n'avait inspiré*, suivant la juste et belle expression de Michaud, dans son *Histoire des Croi-*

sades, fit retentir ce cri unanime : *Dieu le veut !*
Dieu le veut !

Provoqué par la prédication de Pierre l'Ermite et
par la voix du vicaire de Jésus-Christ, le cri *Dieu*
le veut ! parti des montagnes de l'Auvergne, retentit
comme un coup de tonnerre, suivant l'expression
d'un évêque présent au concile de Clermont, d'une
extrémité à l'autre de l'Occident chrétien, et annonça
l'avènement de la régénération préparée par saint
Grégoire VII. Conçues et dirigées par les Papes, et
prêchées à leur début par un Français, les croisades,
dont la naissance de Pierre l'Ermite à Amiens
assigne à la Picardie l'honneur d'avoir été le berceau,
furent principalement exécutées par la France.

L'Europe occidentale offrit un spectacle extraordinaire dans l'hiver de l'année 1095 à 1096. On voyait
partout des préparatifs et des exercices militaires ;
les routes étaient couvertes d'hommes armés qui se
rendaient, accompagnés de leurs femmes, de leurs
enfants et de toute leur famille, auprès des Princes,
sous les ordres desquels ils devaient marcher à la
délivrance de la Terre-Sainte. Le zèle et l'ardeur avec
lesquels les croisés se disposaient à partir en enga-
geaient d'autres à prendre la croix. Les terres et les
propriétés de toute espèce étaient vendues à vil prix,
pour fournir aux frais de l'expédition. L'amour qui
attache l'homme à sa patrie semblait éteint dans les
cœurs, embrasés du feu d'une dévotion guerrière ;
les liens de la famille étaient sacrifiés au besoin de
céder à l'entraînement général. Toutes les classes de
la société voulaient s'associer à une entreprise qui
appelait également les chrétiens de tous les rangs,

princes, seigneurs, sujets et serfs, sous la bannière de Celui qui est mort pour affranchir tous les hommes de la servitude du péché. Un chroniqueur allemand, parlant de ce mouvement européen, dont il fut témoin, dit que ce fut un entraînement divin, et, suivant l'expression sortie d'une autre plume contemporaine, la croisade arrachait l'Europe de ses fondements et la précipitait sur l'Asie.

Cédant aux prières des pèlerins dédaignés par les princes, parmi les multitudes dont sa parole avait allumé l'ardeur belliqueuse, Pierre l'Ermite se souvint qu'il avait porté les armes avant d'être prêtre et moine, et consentit à partir pour l'Orient à la tête d'environ 40,000 Français, Lorrains et Allemands. Ce n'était guère qu'un mélange confus de serfs échappés à leurs maîtres, ou de pauvres gens que les princes avaient refusé d'admettre sous leurs bannières, ou même de vagabonds trop impatients de partir pour attendre la formation des corps de troupes que rassemblaient les seigneurs. Au commencement du mois de mars de l'année 1096, il se mit en marche, sur sa mule, avec ces bandes indisciplinées et difficiles à conduire. Il chargea Gauthier, surnommé *Sans-avoir*, l'un des chevaliers peu nombreux qui s'étaient joints à lui, du commandement de son avant-garde, composée de 15,000 hommes et des huit cavaliers que comptait son armée. Cette troupe, qui avait soif d'aventures, se sépara de celle de l'Ermite à Cologne. Elle traversa l'Allemagne, et arriva à la fin de mars aux frontières de la Hongrie. Le roi Coloman lui accorda un libre passage sur ses états. A Semlin, cependant, seize pèlerins furent dépouillés de leurs vêtements par leurs hôtes; mais Gauthier eut la sagesse de ne point tirer vengeance de cette insulte, qui provoqua plus tard une horrible représaille. Arrivés sur le territoire des Bulgares, les pèlerins demandèrent la permission d'acheter des vivres, et elle leur fut refusée. La nécessité les obligea alors à se procurer par la force ce qu'ils n'avaient pu obtenir par des prières: les campagnes furent dévastées, et les habitants du pays massacrés lorsqu'ils voulaient s'opposer à ces violences. Gauthier eut encore la prudence de hâter sa marche, sans s'arrêter à guerroyer inutilement, et il arriva à Constantinople, où un lieu pour camper lui fut assigné en attendant l'arrivée de l'armée de Pierre l'Ermite.

Lorsque cette armée entra sur le territoire de la Hongrie, le roi Coloman lui accorda la permission de traverser ses états, mais à la condition que les pèlerins s'abstiendraient des désordres auxquels s'étaient livrés ceux que conduisait Gauthier. La promesse faite par Pierre fut, tant était grand l'ascendant qu'il exerçait sur les pèlerins, plus fidèlement remplie qu'on n'aurait dû l'attendre de l'indiscipline de ses bandes, et elles parvinrent paisiblement aux frontières méridionales de la Hongrie. Mais là se répandit parmi les croisés le faux bruit d'un complot formé contre eux par les Hongrois avec les Bulgares. Les vêtements dont avaient été dépouillés les seize hommes de la troupe de Gauthier avaient été suspendus aux créneaux des murs de Semlin. La vue de ce trophée insultant pour les pèlerins acheva d'enflammer les esprits, et Pierre ne put plus contenir ses soldats. La ville fut attaquée et prise d'assaut. La garnison, qui ne s'attendait pas à une semblable agression, s'enfuit; les habitants essayèrent en vain de résister; quatre mille d'entre eux furent massacrés, et cette déplorable victoire ne coûta que cent hommes à ceux qui en souillèrent leurs mains. Des Français, établis en Hongrie, annoncèrent bientôt à Pierre que le roi Coloman venait à la tête d'une puissante armée demander raison du massacre de ses sujets. Les pèlerins s'empressèrent de passer le Danube; mais la population de Belgrade, épouvantée à la vue des cadavres de celle de Semlin, que lui avait apportés le fleuve, avait abandonné la ville, et les croisés trouvèrent la Bulgarie déserte, parce que les habitants s'étaient retirés dans les forêts avec tout ce qu'ils possédaient. Après une marche difficile de huit jours, à travers un pays sauvage et couvert de forêts, Pierre arriva avec sa troupe devant la ville fortifiée de Nissa. Il obtint du gouverneur, en échange des ôtages qu'il lui livra, toutes les provisions qui lui étaient nécessaires. Mais le lendemain matin, au départ de sa troupe, des Allemands, que Guillaume de Tyr appelle des *enfants de Bélial*, pour se venger d'une querelle qu'ils avaient eue la veille avec un marchand bulgare, incendièrent sept moulins situés sur la Nissava et quelques bâtiments dans le faubourg de la ville.

Pierre était parti tranquillement, sans avoir connaissance de ce désordre, qui avait eu lieu pendant qu'il se mettait en marche. Mais le gouverneur de Nissa, qui avait bien reçu et bien traité les croisés, imputant à tous l'ingratitude de quelques-uns, se mit à leur poursuite, massacra ou fit prisonnière toute leur arrière-garde, et s'empara de la plus grande partie des voitures qui portaient les bagages, les femmes et les enfants. Pierre ignorait ce qui se passait sur les derrières de son armée, lorsqu'un cavalier accourut lui en apporter la nouvelle. Aussitôt, et sur l'avis unanime des hommes sages qu'il consulta, il retourna sur ses pas avec l'intention d'entrer en pourparler pacifique sur ce malheur, et pour réclamer ses bagages et les prisonniers tombés entre les mains des Bulgares. Mais à peine avait-il commencé sa marche rétrograde, en se faisant précéder de parlementaires envoyés au gouverneur, que la vue du désastre éprouvé par son arrière-garde enflamma son armée du désir de la vengeance; et quand les pèlerins revirent les murs de Nissa, il lui fut impossible de les empêcher d'en tenter l'assaut. Ce fut en vain qu'il employa, pour les retenir, les menaces et les prières; il eut l'amère douleur de voir pour la première fois son éloquence méconnue, dans une circonstance où il s'agissait du sort de tous les siens. Le désordre et la désunion régnaient parmi eux; les habitants de Nissa s'en aperçurent et se hâtèrent d'en profiter. Un combat très-sanglant s'engagea, et il tourna au désavantage des pèlerins, dont un grand nombre se noyèrent dans la rivière, qu'ils avaient crue guéable, en voulant échapper au fer de l'ennemi. Pierre tenta un nouveau moyen de prouver son innocence, qui ne lui réussit pas mieux que l'envoi de ses premiers parlementaires. Il donna à un Bulgare, qui avait pris la croix, la mission de porter à Nissa la demande d'une suspension d'armes et d'une conférence; mais l'une et l'autre propositions furent refusées. A cette nouvelle, la rage des pèlerins redoubla, et la lutte devint plus acharnée qu'auparavant. Mais la victoire demeura aux habitants de Nissa, qui firent des croisés un carnage où ne furent épargnés ni l'âge ni le sexe. La caisse de l'Ermite, qui contenait toutes les aumônes qu'il avait recueillies, fut enlevée, et ses bandes auraient été anéanties, si elles n'avaient trouvé un refuge sur les montagnes et dans les forêts voisines. Il se retira lui-même sur une colline, où quelques chevaliers réunirent avec peine environ 500 hommes. Dans son désespoir, il crut d'abord que c'était tout ce qui lui restait de son armée ; mais, quatre jours après, quand tous les fuyards dispersés l'eurent rejoint, il vit avec une vive satisfaction que 30,000 pèlerins avaient échappé au sort des 10,000 qui avaient été ou tués ou faits prisonniers.

Les habitants avaient fui des villes et des villages qu'il rencontra en poursuivant sa route, et sa troupe serait morte de faim si, comme nous l'apprend le chroniqueur Albert d'Aix, la saison de la moisson ne lui avait pas permis de se nourrir des grains que les champs lui offraient. Les espérances de Pierre se relevèrent à l'apparition de députés que l'empereur grec envoyait à sa rencontre pour lui promettre que, si son armée, instruite par l'expérience des avantages de l'ordre, observait une exacte discipline, elle trouverait partout jusqu'à Constantinople des provisions sur son passage. A cette nouvelle, Pierre versa des larmes de joie et tomba à genoux devant sa troupe, pour remercier Dieu de cette faveur. Il reçut des Grecs l'accueil annoncé par le message impérial, et pressa sa marche pour répondre au désir qu'avait l'empereur de le voir. Il ne s'arrêta que trois jours à Andrinople, et arriva le 1er août 1096 devant les murs de la capitale de l'empire. On lui désigna, pour y établir son camp, un emplacement voisin de celui où Gauthier avait déjà planté ses tentes. Après tant de souffrances endurées et de périls surmontés, les deux chefs et les deux troupes se réunirent dans l'espoir d'un meilleur avenir.

Pierre, qu'Anne Comnène, fille de l'empereur d'Orient, Alexis Ier, et auteur d'une relation de ces évènements, appelle d'un surnom grec, dont ce n'est pas ici le lieu de discuter la signification, fut invité à se présenter au palais impérial. Alexis, qu'il toucha par l'éloquent récit de ses malheurs, fit distribuer de l'argent et des vivres aux pèlerins, et conseilla à l'Ermite d'attendre, pour entrer en lutte avec les musulmans, l'arrivée des grandes armées commandées par les princes et les seigneurs de l'Occident. C'était aussi l'opinion de Pierre, qui alliait à l'enthousiasme religieux qu'inspire une foi énergique, la sagesse mûrie par l'expérience des hommes et des choses, qu'il avait acquise dans le cloître, dans les camps et dans ses voyages. Mais les bandes dont il avait accepté, par une charitable humilité, de devenir le chef, prétendaient triompher des ennemis de Jésus-Christ avec le seul secours de Dieu, et l'empereur leur fournit d'autant plus volontiers des navires pour les transporter au-delà du Bosphore, que les faubourgs de Constantinople avaient déjà eu à souffrir de leur indiscipline. Elles débarquèrent sur la côte de Bithynie, et campèrent près d'une ville que Guillaume de Tyr et Albert d'Aix appellent *Civitot*.

Elles y demeurèrent environ deux mois, dans une abondance qui accrut leur présomption. L'esprit d'insubordination dont elles s'étaient montrées animées en Europe porta des fruits encore plus déplorables en Asie. Pierre, qui n'avait consenti à passer avec elles le détroit que dans l'espoir de les empêcher de courir aveuglément à leur perte, comprima aussi longtemps qu'il le put l'ardeur impatiente avec laquelle elles exigeaient qu'il les conduisît contre les Turcs. Quand il se sentit impuissant à les retenir, il jugea qu'il n'avait plus rien à faire à leur tête, et qu'il leur serait plus utile à Constantinople, où il se proposait de demander que des troupes fussent envoyées pour les protéger contre les périls qui lui paraissaient imminents. Considérant sa mission militaire comme terminée, il laissa, en partant, la conduite de l'armée à Gauthier *Sans-avoir*, dont il savait que la prudence égalait le courage. Les efforts du nouveau commandant en chef pour arrêter un irrésistible entraînement, prouvent que Pierre n'avait eu que trop raison de désespérer de l'autorité de sa parole. L'ordre de marcher en avant fut arraché à Gauthier. Il ne put que défendre sa vie avec vaillance et tomba percé de sept flèches, dans la défaite complète que Kilidje-Arslan, sultan de l'empire Seldjoucide d'Iconium, fit éprouver aux pèlerins. Trois mille de ces malheureux échappèrent à peine à cet horrible massacre.

La grande armée des croisés, commandée par Godefroy de Bouillon, Hugues–le–Grand, comte de Vermandois et frère du roi de France Philippe 1er, Bohémond, prince de Tarente, Robert, duc de Normandie, Etienne, comte de Chartres et de Blois,

Robert, comte de Flandre, et Raymond de Saint-Gilles, comte de Toulouse, arriva successivement à Constantinople. Pierre repassa en Asie avec elle. Nicée, capitale de l'empire des Turcs Seldjoucides, fut le point de réunion de tous les croisés. Ils campèrent devant cette place le 5 mai 1097 au nombre, suivant le chroniqueur Foucher de Chartres, de 600,000 combattants, sans compter les ecclésiastiques, les femmes et les enfants. Après avoir forcé cette place à capituler, le 20 juin 1097, l'armée des croisés leva le camp, le 25 du même mois, pour se diriger vers Antioche à travers l'Asie Mineure. Pierre assista à la victoire qu'elle remporta, dans la plaine de Dorylée, sur Kilidje-Arslan qui, sans se laisser décourager par la perte de sa capitale, essaya d'arrêter la marche des chrétiens à la tête de 200,000 hommes, selon Guillaume de Tyr, et de 300,000 suivant Foucher de Chartres. L'Ermite eut aussi sa part de toutes les fatigues et de toutes les privations qu'éprouvèrent les croisés avant d'arriver devant Antioche, dont ils commencèrent le siége le 11 octobre 1097. Les pluies de l'automne convertirent en un marais le lieu où ils étaient campés, et leur armée fut réduite de moitié par le manque de vivres et par les maladies qui sévirent pendant l'hiver. Au milieu de cette désolation, les dérèglements et le désordre s'introduisirent parmi eux. Conseillée par le désespoir, la désertion vint se joindre à tous les autres fléaux. Le découragement qui abattait tous les cœurs n'avait rien d'étonnant, dit un chroniqueur, puisque ceux qu'on regardait comme les colonnes de l'expédition fléchissaient eux-mêmes. Robert le Moine et Guibert de Nogent rapportent que Pierre désespéra lui aussi du succès de la croisade qu'il avait prêchée, et abandonna le camp. La nouvelle de sa fuite, dit le second de ces chroniqueurs, produisit le même effet que si les étoiles fussent tombées du ciel. Mais le silence de toutes les autres chroniques, et celui surtout du grave et exact Guillaume de Tyr, sur cette prétendue fuite de l'Ermite, qui aurait été en effet un phénomène extraordinaire, prouve qu'elle n'a réellement pas eu lieu.

Le terme des rigueurs de l'hiver fut aussi celui des horreurs de la famine; les croisés reprirent courage, et entrèrent victorieux dans Antioche le 3 juin 1098. Mais ils furent bientôt obligés de songer à se défendre dans cette ville, que Kerboga, émir de Mossoul, investit avec une armée innombrable. Une disette, plus affreuse encore que celle qui avait décimé leurs rangs pendant qu'ils assiégaient la place, ramena le désespoir parmi eux. Leurs chefs étaient à la veille d'offrir à Kerboga de lui livrer la ville, à la condition qu'il permettrait aux chrétiens d'en sortir avec leurs bagages, lorsqu'on découvrit, dans l'église de St.-Pierre d'Antioche, la lance avec laquelle fut percé le côté du Sauveur. L'effet de ce miracle, disent les chroniques, fit oublier aux croisés toutes leurs souffrances, et les enflamma de la plus belliqueuse ardeur : tous demandèrent à marcher au combat. Les chefs des croisés s'assemblèrent et résolurent d'envoyer Pierre l'Ermite avec un interprète vers l'émir de Mossoul, pour lui proposer de lever le siége et de laisser les Francs maîtres de la ville, ou d'accepter soit un combat singulier avec un des princes chrétiens, soit une bataille entre un certain nombre de ses soldats et un égal nombre de croisés, soit enfin une bataille générale des deux armées. On lit dans une lettre d'un témoin de ces évènements, qu'en entendant ces paroles, Kerboga tira son glaive, déclara qu'il était maître du pays d'Antioche et qu'il le serait toujours, à quelque prix que ce fût, ajoutant qu'il ne traiterait avec les chrétiens que lorsque ceux-ci auraient quitté la ville, renié Jésus-Christ et embrassé la religion musulmane. A cette nouvelle, rapportée à Antioche par Pierre l'Ermite, les croisés, confirmés par sa parole dans la confiance qu'ils avaient en Dieu, se purifièrent par la confession, se fortifièrent par l'Eucharistie et volèrent au combat, dit la lettre où nous puisons ces détails. Ils remportèrent sur la formidable armée de Kerboga une victoire qu'on ne sait comment nommer, si on ne l'appelle pas miraculeuse. Le succès de cette journée, où, au prix de 4,000 morts, les pèlerins jonchèrent le champ de bataille, au rapport des chroniqueurs, de 100,000 infidèles, parut si étonnant aux musulmans qui défendaient encore la citadelle d'Antioche, que leur commandant et trois cents d'entre eux embrassèrent la foi chrétienne et proclamèrent que le Dieu de l'Evangile était le vrai Dieu.

Partis d'Antioche au commencement de mars 1099, les croisés s'avancèrent en bon ordre vers le terme de leur pèlerinage guerrier. Parvenus au village de Saint-Jérémie, que les chroniqueurs appellent *Emmaüs*, ils reçurent une députation des chrétiens de Béthléem, et le vaillant Tancrède alla planter la bannière de la croix sur les murs de la ville qui fut le berceau du salut du monde. La nuit se passa dans l'attente impatiente du jour, et, dès qu'il parut, l'armée se mit en marche vers cette Jérusalem dont la vue tant désirée ne tarda pas à frapper les regards des pieux pèlerins. Les échos du mont Sion et de la montagne des Oliviers redirent aussitôt le nom de Jérusalem, sortant de quarante mille bouches à la fois. L'Homère de la croisade, Le Tasse, est, dans un des plus beaux morceaux de son poème, l'éloquent et fidèle narrateur de cette grande scène de l'arrivée des libérateurs du Saint-Tombeau devant la ville où s'est accomplie notre Rédemption. Je voudrais pouvoir reproduire ici quelque chose des sentiments que j'ai éprouvés moi-même, en apercevant la ville Sainte du même point d'où sont parties les acclamations des croisés.

« Je restai, comme l'a trop bien dit Châteaubriand
» pour que j'essaie de le mieux dire après lui, je restai
» les yeux fixés sur Jérusalem, mesurant la hauteur
» de ses murs, recevant à la fois tous les souvenirs
» de l'histoire, depuis Abraham jusqu'à Godefroy de
» Bouillon, pensant au monde entier changé par la
» mission du Fils de l'Homme, et cherchant vaine-
» ment ce temple dont il ne reste pas pierre sur
» pierre. Quand je vivrais mille ans, jamais je n'ou-
» blierai ce désert, qui semble respirer encore la
» grandeur de Jéhovah et les épouvantements de la
» mort. »

Des 600,000 combattants qu'avait comptés l'armée des croisés devant Nicée, et des 300,000 auxquels elle était déjà réduite quand elle arriva devant Antioche, 200,000 avaient péri depuis par la guerre, par les misères et par les maladies ; un certain nombre étaient retournés en Occident, et plusieurs s'étaient établis à Edesse, où Baudouin, frère de Godefroy de Bouillon, avait fondé un comté, à Antioche, devenue la capitale d'une principauté chrétienne, et dans d'autres villes. Le nombre des pèlerins qui campèrent devant Jérusalem, le 7 juin 1099, n'était guère que de 40,000, dont 21,500 seulement portaient les armes, 20,000 comme fantassins et 1,500 comme cavaliers. La ville Sainte était gouvernée, au nom du calife fatimite d'Egypte Mostali, par un émir nommé Iftikhar; elle était munie de vivres et de provisions en abondance, et elle avait une garnison de 40,000 hommes, auxquels s'étaient joints 20,000 habitants fanatisés par les imans. Les citernes des environs avaient été ou comblées ou empoisonnées, et aucune ressource pour les assiégants n'avait été laissée dans le pays, transformé en désert. Le lendemain de leur arrivée, les croisés commencèrent le siége de la place; ils avaient établi leur camp sur le terrain plat qui s'étend au nord de la ville, et ils dirigeaient ainsi leurs attaques des mêmes lieux d'où Titus avait dirigé les siennes.

On était au plus fort de la chaleur de l'été, et le vent du midi venait dessécher l'air embrasé des feux du soleil. Toutes les chroniques qui ont raconté le siége de Jérusalem ont fait une description pleine d'horreur des souffrances des croisés, et la peinture de la sécheresse qu'ils eurent à endurer est un des plus beaux morceaux du poëme du Tasse. Un solitaire, qui passait sa vie en prières sur le mont des Oliviers, donna aux pèlerins un conseil qu'accueillit avec empressement leur ardente dévotion; c'était celui d'appeler la miséricorde du ciel par une procession

faite autour des murs de Jérusalem. Cette pieuse
cérémonie fut précédée d'un jeûne de trois jours:
le clergé marcha pieds nus en tête de l'armée, qui
s'avança, enseignes déployées, au bruit des instru-
ments guerriers. Tandis que la procession faisait le
tour de la ville, les infidèles, rassemblés sur les murs,
insultaient par leurs railleries et par leurs vociféra-
tions à l'hommage qui était rendu à Dieu, et souillaient
par les plus horribles profanations des croix qu'ils
avaient plantées sur les remparts. Pierre l'Ermite fit
entendre une dernière fois, avant la consommation
de son œuvre, sa puissante parole du haut de la
montagne des Oliviers, et saisit cette occasion d'enflammer d'une nouvelle ardeur vengeresse les spec-
tateurs de ces outrages prodigués au signe du salut
du monde.

Après un siége de cinq semaines, la ville Sainte
fut emportée d'assaut par les croisés, le 15 juillet
1099. C'était un vendredi, et ce fut à trois heures
de l'après-midi que les chrétiens pénétrèrent dans
Jérusalem, c'est-à-dire le jour et à l'heure de la
mort de Celui dont ils venaient délivrer le glorieux
Tombeau de la sujétion musulmane. Le premier honneur de ce grand succès revenait à Pierre, et il
reçut de tous les croisés, chefs et soldats, les témoignages vivement exprimés de la reconnaissance uni-
verselle. Les chrétiens de la ville, qui l'avaient connu à
son premier voyage, ne manquèrent pas non plus, dit le
Père d'Oultreman, de le féliciter comme leur libé-
rateur et l'auteur, après Dieu, de ce glorieux et incom-
parable bienfait. La Vraie Croix fut pour les pieux
soldats du Christ le plus beau trophée de leur conquête.

Dans l'assemblée que tinrent les princes et les seigneurs chrétiens pour s'occuper de la forme à donner au gouvernement du pays conquis, l'éloquence de Pierre contribua à faire prévaloir l'opinion favorable à la fondation d'une monarchie. Il fut décidé que le choix de celui à qui devait être confiée la grande tâche d'établir ce royaume chrétien, en Orient, serait fait par un conseil composé des dix hommes les plus éminents du clergé et de l'armée. Rien ne fut négligé pour connaître la pensée de tous les croisés sur les princes que leur position mettait au rang des candidats à la royauté. L'influence de Pierre l'Ermite, en favorisant l'élection de Godefroy de Bouillon, sympathisa avec l'unanimité des voix qui appelaient au trône le pieux et vaillant élève de l'apôtre de la croisade. Quand on sut que les suffrages s'étaient fixés sur celui que tous proclamaient le plus digne de ce choix, l'armée entière y applaudit.

Pierre persévéra dans l'humilité à laquelle il avait voué sa vie. Cette sublime vertu des âmes fortes était la base sur laquelle reposait impertubablement la dignité de son caractère. Celui qui aurait très-bien pu prétendre à la dignité de patriarche de Jérusalem, ne brigua jamais aucun honneur ecclésiastique dans le nouveau royaume à la conquête duquel il avait si puissamment coopéré.

Afdal, vizir du calife fatimite d'Egypte, qui avait enlevé Jérusalem aux Ortokides trois ans avant l'arrivée des croisés en Orient, accourait en Syrie à la tête d'une nombreuse armée, lorsqu'il apprit la prise de Jérusalem par les chrétiens. Il se porta alors vers Ascalon. L'annonce de ce péril fut reçue dans la ville

Sainte avec une pleine confiance en Dieu. Princes et soldats se rendirent nu-pieds à l'église du Saint-Sépulcre, s'armèrent tous ensemble de la force que donne la sainte Eucharistie, et s'avancèrent à la rencontre des Egyptiens sous la conduite de leur nouveau roi. Arnoul de Rohès, qui remplissait provisoirement les fonctions de patriarche, portait devant eux la Vraie Croix. Godefroy de Bouillon confia en partant le gouvernement de l'Etat et la garde de Jérusalem à Pierre l'Ermite, qui fut aussi chargé, comme vicaire de l'administrateur du siége patriarcal, de présider aux processions qui furent faites pour implorer la protection divine contre les ennemis de la foi chrétienne. Godefroy ne s'absenta jamais de la ville Sainte ensuite, sans y laisser Pierre l'Ermite comme vice-roi.

La victoire décisive remportée à Ascalon, par les croisés, le 14 août 1099, contre le vizir du calife d'Egypte, consolida la conquête réalisée par la prise de Jérusalem, et permit à la plupart des pèlerins de retourner dans leur patrie. Mais la gloire acquise par Godefroy de Bouillon, à la pointe de son épée, n'est pas plus grande que celle qu'il s'est assurée en dotant le royaume, dont il a été le fondateur, du code connu sous le nom d'*Assises de Jérusalem*. Ce prince n'avait que quarante ans lorsque la mort vint l'enlever à l'amour des habitants de la colonie chrétienne établie en Orient par la première croisade. Il termina son illustre vie par une sainte mort, le 17 juillet 1100. Après la perte de son élève bien-aimé, qui n'avait jamais laissé échapper aucune occasion de lui témoigner sa reconnaissance, par les plus respectueux égards, Pierre contribua sans doute à lui faire donner pour successeur son frère Baudouin, dont il avait été aussi le maître. Il regarda dès-lors sa mission dans les Lieux-Saints comme accomplie. Quelques reliques, qu'il offrit à son retour à l'évêque de Liége, furent tout ce qu'il emporta de cette terre pour l'affranchissement de laquelle sa voix avait soulevé l'Occident. Il s'embarqua, pour retourner en Europe, avec Conon, comte de Montaigu, Lambert, son fils, comte de Clermont - sur - Meuse, plusieurs gentilshommes et quelques bourgeois de la ville de Huy. Le bâtiment qui les portait ayant été assailli par une violente tempête, ils firent vœu, en priant Dieu de les préserver du naufrage, de fonder une église. A leur arrivée dans le pays de Liége, en 1101, Pierre fut chargé de l'accomplissement de ce vœu; il choisit le lieu, près de la ville de Huy, où fut construite l'église projetée. Elle fut dédiée au Saint-Sépulcre et à saint Jean-Baptiste. Un monastère, qui fut appelé Neufmoustier, fut aussi bâti au même lieu par les soins de Pierre l'Ermite, et il y établit une communauté de chanoines réguliers de saint Augustin, dont il fut le premier prieur. C'est là qu'il mourut, à l'âge de 62 ans, le 8 juillet 1115. Conformément aux sentiments d'humilité exprimés par sa dernière volonté, il fut enterré hors de l'église qu'il avait érigée. Ce ne fut que près d'un siècle après sa mort, le 16 octobre 1242, que l'abbé et les chanoines du monastère firent transporter ses restes dans une crypte, au bout de la nef de l'église, où ils furent déposés dans un tombeau de marbre, sur lequel fut gravée une épitaphe. Sa sépulture fut violée et détruite par la barbarie révolutionnaire en 1793, et il n'en subsiste plus aucune trace.

Le Père d'Oultreman consacre un chapitre de la *Vie du vénérable Pierre l'Ermite* à l'énumération des témoignages de sa sainteté. C'est à cet homme de Dieu, comme l'appelle Guillaume, archevêque de Tyr, qu'on doit le pieux usage du chapelet, qu'il a vraisemblablement apporté d'Orient en Occident.

Le résumé de la vie de Pierre l'Ermite, c'est que la Picardie peut se glorifier d'avoir produit en lui l'homme le plus extraordinaire de l'histoire, puisque, simple particulier, il a donné l'impulsion au plus grand et au plus heureux ébranlement qu'ait jamais reçu le monde, au mouvement tout chrétien d'où est sortie la civilisation dont nous sommes, nous Français, les fils aînés, et dont il y a lieu d'espérer que nous ne méconnaîtrons plus les maternels bienfaits.

Abbeville, Typ. de P. BRIEZ.